Maxime Du Camp

Le Salon
de 1866

Critique

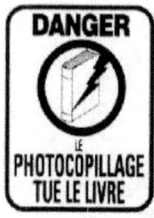
ISBN : 978-1720693598

10 9 8 7 6 5 4 3 2 1

Maxime Du Camp

Le Salon de 1866

Critique

Table de Matières

Introduction   7

Section I   10

Section II   15

Section III   34

Introduction

Si quelques œuvres originales et intéressantes ne se distinguaient dans la masse des tableaux et des statues exposés au Palais de l'Industrie, nous ne devrions guère ménager au salon de 1866 l'expression de notre découragement plus qu'aux expositions précédentes, car il nous semble que la moyenne a encore baissé, comme si elle obéissait aux lois implacables d'une dépression lente, mais continue. L'ardent désir que nous éprouvons de voir l'école française reprendre son rang nous force à dire qu'il y a lieu d'être inquiet. L'art actuel paraît faire fausse route et devoir s'égarer promptement, s'il ne revient, par un vif et sérieux effort, à des manifestations élevées conçues en dehors des goûts frelatés du jour. Chacun sait son métier, cela n'est pas douteux, mais c'est tout : l'invention, la recherché, l'aspiration vers la grandeur, sont de plus en plus rares. Seule aujourd'hui, l'habileté de la main paraît important. Or, si le métier suffit à consacrer les artistes, il doit être indigent à ces derniers de peindre des persiennes ou des tableaux. On voit de tous côtés des ouvriers habiles ; quant aux artistes qui ont souci de l'idéal et qui cherchent cet *au-delà*, vers lequel les âmes intelligentes doivent toujours tendre sous peine de déchoir, deux lignes suffiraient pour énumérer leurs noms.

Lorsqu'on s'arrête dans ces vastes salles, on est toujours tenté de se dire : Je connais cela. En effet, rien n'y est nouveau, et presque tout y semble une réminiscence. Voilà les mêmes Bretons, les mêmes Alsaciennes, les mêmes allégories mal peintes et imparfaitement dessinées ; voilà les mêmes femmes nues, assises, debout, couchées, provocantes : *baigneuses* et *Vénus,* premier secret et dernière illusion, rêves et printemps ; voilà les mêmes batailles, le même drapeau pris, le même ennemi vaincu, le même Français triomphant ; voilà enfin le même Salon, celui que nous avons vu l'an dernier et que probablement nous reverrons l'année prochaine. En présence d'un état de choses aussi douloureux et qui n'est point contestable, la situation de la critique est extrêmement pénible. Devant les mêmes faiblesses, on est réduit aux mêmes observations, et puisque les artistes se répètent sans cesse, la critique est forcée de se répéter elle-même. A moins de s'égarer dans de faciles et insipides énumérations, on est contraint de parler encore des hommes qu'on a déjà signalés plusieurs fois, car seuls ceux-là ont fait un effort qui mérite d'être loué. Un bon tableau est une bonne fortune qui nous est trop rarement offerte, et c'est de là que vient notre chagrin ; quant à notre découragement, la cause en est bien simple. Notre société actuelle, qui n'est peut-être pas le modèle des sociétés, a imprégné les artistes de ses émanations malsaines : au lieu d'être ses maîtres, ils se sont fait ses humbles serviteurs ; au lieu de la ramener au goût de l'art pur et au culte du beau, ils la suivent et parfois même la précèdent dans ses aberrations, dans ses folies, dans son amour effréné des jouissances faciles, dans ses besoins vaniteux de grandeur artificielle. A tout prix, les artistes veulent plaire à ce monde étrange et factice qui rappelle les danses macabres du moyen âge. Au lieu d'écouter les conseils désintéressés de la muse austère, ils ne suivent que « les prescriptions de la mode ; » ils se tiennent au courant, ainsi que l'on dit chez les gens d'affaires ; ils savent les sujets que l'on préfère, la façon qui est appréciée par les prétendus amateurs ; ils travaillent dans le genre qui est le plus demandé, et ils croient avoir rempli toute leur mission quand ils ont bien vendu leurs tableaux. Ceux qui luttent contre le courant sont rares, et nous ne saurions trop les encourager à rester fermes et droits dans leur résolution de bien faire à tout prix et selon leur conscience. Tôt ou tard ils auront leur récompense, j'entends la vraie, la seule, celle qui se paie en gloire. Les autres auront plu à la foule, ils n'auront travaillé que pour elle : qu'en restera-t-il lorsqu'ils ne seront plus ? « Tout homme, a dit M. Renan, qui ne sait pas se contenter de l'approbation d'un petit nombre est condamné à ne rien faire que de superficiel. »

Aussi chaque année voit s'accroître l'indifférence qu'inspirent ces expositions qui devraient être la fête des yeux et de l'esprit ; il n'en était point ainsi jadis. Quel homme de quarante ans ne se souvient encore avec émotion de l'ouverture du Salon dans les galeries du Louvre ? Bien avant l'heure fixée pour l'entrée, la vaste cour était pleine de monde ; on se précipitait à travers le grand escalier comme à l'assaut d'une forteresse ; quel enthousiasme ! quelles défaites ! quelles victoires ! On se heurtait pour voir les Decamps, on se gourmait devant les toiles de Delacroix, on se disputait devant les tableaux anecdotiques de Paul Delaroche ; les classiques et les romantiques, les élèves de David et ceux de Géricault se retrouvaient face à face avec leurs œuvres, qui continuaient la bataille, et le public, souverain juge, était appelé à décider entre eux. Au milieu de ces deux partis se glissaient les *luminaristes* comme M. Diaz, qui depuis…, et les *naturalistes* hésitants, qui n'avaient pas encore reconnu Troyon pour leur maître. Les portraits mêmes offraient un intérêt réel lorsqu'ils étaient peints par Flandrin ou par Guignet. Cette époque déjà lointaine était moins prodigue pour les artistes, mais elle était plus féconde pour l'art ; on s'en occupait, on l'aimait, on le discutait. Pour cela comme pour tant d'autres choses, nous pourrions dire : C'était le bon temps. Aujourd'hui nous n'en sommes plus là. On va au Salon parce qu'il faut voir un peu de tout. On s'entasse devant des tableaux d'une médiocrité désespérante, auxquels on a fait les honneurs du salon carré parce qu'ils représentent quelques personnages de l'histoire moderne ; s'il y a par hasard des portraits de femmes connues dans un monde dont il sied de ne pas parler, on s'en informe, on y court, on les regarde, on les commente. Curiosité et dépravation du côté du public, dédain pour les choses de l'esprit et matérialisme exagéré du côté des artistes, qu'espérer de bon avec de si tristes éléments ?

Jamais cependant on n'a plus encouragé les artistes que maintenant [1] ; mais ce qui leur manque, c'est le souffle, ce souffle vivifiant qui sort naturellement de certaines institutions d'un pays ; ce n'est pas eux seulement qui en sont privés, ce sont tous ceux qui pour produire ont besoin de sentir s'agiter en eux-mêmes un esprit librement fécondé. C'est la pureté des atmosphères qui fait l'activité du sang. L'homme ne vit pas que de pain, et pour bien comprendre les choses de la nature il faut être en communion directe et renouvelée avec celles de l'esprit. Or, lorsque l'esprit se tait, le monde s'endort. Aussi, tout en constatant l'abaissement progressif qu'on remarque dans nos expositions annuelles, je n'entends point le reprocher exclusivement aux artistes : ils ne sont

---

1 Malgré sa sécheresse apparente, le *livret* renferme des documents statistiques qu'il ne faut point négliger, car ils contiennent des renseignements précieux pour l'histoire de l'art à notre époque. J'en ferai ressortir quelques-uns : — 2,349 artistes ont exposé 3,297 œuvres d'art (abstraction faite des envois de Rome). Au 1er janvier 1866, il existait 1,267 artistes récompensés par l'administration française. Ils ont obtenu 2,474 récompenses, ainsi divisées : 2,002 médailles ou rappels de médailles, et 472 décorations, dont 65 croix d'officier, 3 croix de commandeur, et 2 croix de grand-officier. Ainsi qu'on le voit, les encouragements ne manquent pas ; mais est-il bien certain qu'on protège les arts en protégeant les artistes ?

point responsables d'un état de choses qu'ils subissent, mais qu'ils n'ont point créé.

Section I

Toutes les personnes qui ont visité les dernières expositions de beaux-arts faites au Palais de l'Industrie se rappellent le grand jardin qu'on avait établi dans la nef principale. Ce lieu de repos charmant pour les promeneurs était réservé à la sculpture. Dernièrement on fit une exposition de chevaux ; il fallait bien se conformer à ce goût factice pour les choses hippiques qui semble depuis quelque temps avoir affolé la France. L'emplacement consacré aux statues fut abandonné aux évolutions des bidets de poste, des *carrossiers* et des pouliches ; on en fit un manège. Aujourd'hui le jardin n'est plus : au lieu de l'oasis, il n'y a qu'un désert ; les centaures ont chassé Phidias. Ce sont, dit-on, les sculpteurs qui ont demandé et obtenu cette pitoyable modification. Dans le jardin, les statues, éclairées par un jour diffus et de reflet, étaient singulièrement amollies dans leurs contours et n'offraient guère de loin que des silhouettes indécises : je le veux bien et ne disputerai pas. L'administration, qui doit être fort embarrassée pour satisfaire toutes les exigences, s'est prêtée de bonne grâce aux observations des statuaires, et elle leur a accordé ce fameux *jour d'atelier* à quarante-cinq degrés qu'ils réclamaient à grands cris. Dans un long couloir où souffle un incessant courant d'air, on a exposé les statues en face de larges fenêtres qui versent sur elles un jour blanc et plus aigu qu'il ne convient : l'endroit est désagréable et malsain ; aussi l'on n'y va guère et l'on n'y reste pas. Il me semble que dans cette organisation nouvelle on a simplement oublié que les statues ne sont point des bas-reliefs, qu'elles sont *ronde-bosse*, que, pour les apprécier en connaissance de cause, il faut pouvoir les examiner sous leurs différents aspects, tourner autour, comparer le dos à la poitrine et la chevelure au visage. Aujourd'hui elles sont parfaitement éclairées de face ; mais c'est là tout, le reste baigne dans l'ombre et demeure d'autant moins visible que le jour des fenêtres frappe directement aux paupières le curieux mal appris qui s'imagine qu'un groupe en marbre peut être regardé de tous côtés. Une semblable distribution de lumière ne serait tolérable que si chaque statue était placée sur une selle à pivot. Les sculpteurs feront bien, l'année prochaine, de redemander leur ancien jardin ; je suis persuadé qu'on s'empressera de le leur rendre, à moins toutefois qu'il ne soit retenu d'avance pour une exhibition de bestiaux ou de volailles. De tels et si pénibles malentendus seraient-ils possibles, si Paris possédait enfin un local spécialement approprié aux expositions des beaux-arts ?

Les principaux maîtres de la statuaire se sont abstenus cette année. L'ensemble de l'exposition est faible et indécis : il n'y a rien de choquant, il n'y a rien de réellement remarquable. Nul ne s'est mis en frais d'imagination, et tout ce qu'on voit paraît avoir été fait par de très habiles praticiens, accoutumés à manier un ciseau que la main seule dirige. L'*Angélique* de M. Carrier-Belleuse attire les regards :

Creduto avria che fosse statua finta

O d'alabastro, o d'altri marmi illustri.

On se rappelle avec quelle supériorité M. Ingres a traité le même sujet. Le peintre a su réaliser là un rêve de chasteté, de jeunesse, de grâce et de beauté : il avait suivi les indications du poète ; de son *Angélique* il avait fait une jeune fille, debout, immobile, enchaînée. « Roger l'eût prise pour une statue, s'il n'eût aperçu ses larmes qui coulaient. » Avec l'*Angélique* de M. Carrier, l'illusion n'est pas possible : c'est une femme ; elle se débat, se convulsionne, se contourne ; disons le mot, elle se tortille. Attachée au rocher, la tête renversée, effarée, les genoux repliés, le torse jeté en ayant, elle semble faire des efforts désespérés pour échapper au *smisurata mostro*. Son immense et invraisemblable chevelure tombe jusqu'à ses pieds en larges nattes ; des chaînes en cuivre doré étreignent ses poignets et ses chevilles : il est temps que Roger arrive. Il y a dans cette figure des morceaux traités de main de maître : je signalerai entre autres les genoux, qui sont fort beaux, étudiés avec grand soin et rendus avec une précision qui n'est point sans élégance ; mais toute la statue est d'un art bien matériel, on dirait une réminiscence du chevalier Bernin. Cette forte femme, hommasse et vigoureuse, paraît de taille à briser ses entraves et à ne point redouter la lutte avec l'orque formidable. Cette Flamande ferait bien dans une des plantureuses allégories de Rubens. Je dois dire en outre que c'est plutôt un torse qu'une statue. La tête à demi cachée sous le bras, se voit difficilement, de sorte que l'on a d'abord un amas de chairs sous les yeux avant de découvrir le visage qui doit les expliquer et leur donner l'expression. Que reste-t-il alors ? On le comprendra au premier coup d'œil. M. Garrier-Belleuse manie la râpe, le ciseau, la masse et l'archet avec une habileté remarquable ; mais j'ai peur qu'il n'en abuse et veuille parfois obtenir des effets auxquels le marbre se refuse absolument. La matière n'est obéissante que selon ses propriétés : au-delà, elle devient réfractaire, et nul talent, si ingénieux qu'il soit, ne peut lui faire rendre ce qu'elle ne contient pas. Le rocher auquel est liée Angélique baigne ses pieds dans la mer ; M. Carrier a usé de toutes ses ressources de praticien pour figurer la crête des flots, et il a échoué : ces pompons chicoracés peuvent ressembler à des madrépores ou à des éponges pétrifiées ; mais jamais on ne pourra s'imaginer qu'ils représentent le sommet fluide, mobile, transparent et fugitif d'une vague. Les transpositions d'art sont dangereuses, et demander à la sculpture ce qui appartient exclusivement à la peinture ou au dessin, c'est s'exposer à ne pas réussir. J'adresserai a M. Carrier un autre reproche, reproche de détail et qui n'a qu'une importance relative. Mêler le cuivre au marbre, le jaune éclatant au blanc, c'est détruire ou du moins compromettre l'ensemble d'une œuvre. Autant que possible et à moins d'impérieuses exigences, la matière doit être une, s'imposer aux yeux par l'uniformité même de sa nuance et ne point laisser des métaux inutiles et criards éparpiller l'effet, tirer le regard et briser la douce harmonie d'une coloration générale. La même observation peut être faite à M. Grootaers pour sa *Marie, mère de Dieu*, à M. Chappuy pour son *Joueur de bilboquet*, et à M. Aizelin pour *l'Enfant et le Sablier*.

Qui ne se rappelle les beaux vers de l'*Oaristys*, d'André Chénier ?

J'entrai fille en ce bois et chère à ma déesse !

— Tu vas en sortir femme et chère à ton époux !

C'est l'imitation d'une idylle de Théocrite qu'à son tour M. Loison vient de traduire en marbre sous le titre de *Daphnie et Nais*. Le groupe est élégant et de bonne facture, très simple de composition et d'un agencement qui fait habilement valoir les lignes. Le jeune homme et la jeune fille, à demi enlacés, marchent côte à côte et se donnent un baiser. Les deux mains, rejointes à hauteur de la taille, sont remarquables de souplesse et ont été traitées avec un grand souci de la vérité. Les draperies, sobres d'arrangement, loin de nuire au nu, s'associent à lui dans une proportion très sage et bien raisonnée. Il n'y a là rien de tapageur, rien de trop voyant, tout est bien pondéré et d'une sobriété qu'il est bon de louer, car elle devient chaque jour plus rare. On pourrait désirer plus de force dans le modelé, plus de vigueur contenue dans le mouvement ; c'est là néanmoins une tentative fort honorable et dont il est juste de savoir gré à M. Pierre Loison.

Il me semble que la manière dont M. Clère a conçu sa *Jeanne d'Arc écoutant des voix* appartiendrait plus à la peinture qu'à la sculpture. Les accessoires tels que le prie-Dieu, le chapelet, le tapis écussonné de France, sont faits pour être peints dans un tableau plutôt que pour servir d'appui à une figure sculptée. Il y a là une petite recherche de couleur historique et locale qui ne me paraît pas très bien justifiée, et je crois que l'ensemble de l'œuvre aurait gagné, si l'on eût débarrassé Jeanne d'Arc de ce mobilier moyen âge, qui par sa nature même, je le répète, ne serait vraiment à sa place que sur une toile. La statuaire est un art abstrait, et tout ce qui n'est pas absolument indispensable à une figure doit en être sévèrement écarté. Je crois cette observation très juste et suis fâché d'avoir à l'adresser à M. Clère, car sa *Jeanne d'Arc* est une statue recommandante. La jeune fille, vêtue en paysanne, la tête couverte d'un large bonnet, le corps enveloppé de la grande robe de bure à gros plis, est bien dessinée, solidement drapée et dans une attitude à la fois très naturelle et très sobre. Toutes les fois qu'on touche à un sujet pareil, on côtoie un écueil redoutable, celui de la *pose*, pour parler le langage d'aujourd'hui. Il est si facile de se laisser entraîner à donner à Jeanne d'Arc des mouvements extatiques et prétentieux, et il est si tentant d'en faire une énergumène, demi-pythonisse et demi-convulsionnaire, qu'on doit remercier les artistes qui ont compris et rendu cette douce figure telle qu'elle était : très humble, inquiète, s'ignorant elle-même, et obéissant à cette force interne qu'elle subissait tyranniquement sans pouvoir la réfréner ni la définir. Cet écueil, M. Clère a su l'éviter avec une grande sagesse ; en cela, il a été plus habile qu'il ne le croit peut-être, car il est bien plus aisé de faire théâtral que de faire vrai. Le mélodrame est à la portée de tout le monde, et il faut avoir un esprit déjà distingué pour apprécier et comprendre la simplicité. Penchée sur son prie-Dieu, les yeux levés vers le ciel, où siège son interlocuteur invisible, Jeanne écoute la voix mystérieuse qui lui indique la route au bout de laquelle se trouve l'abandon et se dresse le bûcher des sorcières et des relapses. La tête est d'une beauté singulière qui n'a rien de mièvre, qui n'a rien de masculin, mais qui porte la double empreinte de la jeunesse et de l'énergie. La bouche est ferme et loyale, elle s'ouvrira pour le commandement et jamais ne proférera un mensonge. L'œil est inquiet, étonné, tout près d'être ravi. J'aime peu le geste par lequel Jeanne, à l'aide de sa main, fait pavillon autour de son oreille ; c'est un peu puéril et peut-être trop indicatif. Les voix qui lui parlaient étaient toujours entendues, car elles sont de celles qui parviennent à travers tout, à travers la distance, le bruit et l'espace. Cette statue est bonne, et j'ai plaisir à la louer, car, outre une vérité remarquable, elle contient cette nuance d'idéal sans laquelle les œuvres d'art ne sont qu'un travail d'ouvriers.

Je n'aurais plus rien à dire de la sculpture, si M. Soytoux, qui, s'il m'en souvient, obtint en 1848 le prix dans le concours ouvert pour une statue de *la République*, n'avait exposé le buste de *Paul de Flotte*. Le buste est en plâtre, bientôt il sera coulé en bronze. Ici même j'ai raconté la mort de Paul de Flotte ; il tomba en mettant le pied en Calabre, à la tête d'une compagnie de débarquement. De Flotte fut un fanatique du devoir, il ne tergiversa jamais avec lui-même et se porta sans hésiter partout où il estima qu'il y avait à défendre ou à propager les idées qu'il aimait et qui lui avaient fait une conscience imperturbable. Je sais qu'il a laissé de profonds regrets dans le cœur de ses amis. Tous affirment que nulle ambition ne lui aurait été interdite, s'il eût vécu dans des circonstances propices. Sa mort fut un deuil pour la petite armée de Garibaldi ; les listes d'une souscription improvisée furent promptement couvertes, et il fut décidé qu'un monument commémoratif serait élevé à la mémoire de ce Français qui était venu mourir pour la cause de l'unité italienne. M. Soytoux fut chargé de reproduire les traits que n'ont pas oubliés les membres de l'assemblée législative dissoute le 2 décembre, et il s'est acquitté avec honneur de la tâche qu'il avait acceptée. C'est bien là ce visage à la fois concentré et mystique, surmonté d'un front trop large et que termine un menton avancé, énergique et presque violent. Des yeux légèrement saillants et comme voilés par le regard interne achèvent de donner le caractère de cette physionomie curieuse à plus d'un titre, sympathique et résolue. Où sera placé ce buste ? A Santa-Croce de Florence ? Près de Scylla, à l'endroit même où de Flotte est tombé ? Je ne sais. En dehors des souvenirs que cette œuvre rappelle, elle est remarquable et mérite qu'on en félicite M. Soytoux.

Section II

Il est assez naturel que la peinture d'histoire, celle qu'on nomme ordinairement la grande peinture, soit en décadence, car elle n'intéresse plus personne. Les tableaux de genre suffisent au goût du public, qui passe indifférent devant les scènes religieuses et les toiles historiques. Les élèves de l'école de Rome, de cette école spécialement fondée et entretenue pour former en France un groupe sérieux de peintres d'histoire, ont suivi la pente commune et ne font guère aujourd'hui, à moins de commandes officielles, que des tableaux de genre. Nous essaierons, cependant de découvrir parmi les œuvres exposées au Salon de 1866 celles qui, par leur facture et les tendances qu'elles indiquent, prouvent chez les auteurs quelque souci d'un art élevé et dégagé de tout intérêt mercantile, sans nous occuper de certains essais où des prétentions au style cachent une vacuité déplorable, où la ligne est insuffisante, la couleur nulle, l'invention médiocre, où l'on ne retrouve que des réminiscences trop mal déguisées des ébauches de Jules Romain et des gravures de Marc-Antoine. La stérilité de ces sortes de décorations, qui paraissent peintes à la détrempe, a pu faire illusion quelque temps ; lorsqu'on les a vues pour la première fois, on a pu être surpris par un aspect singulier ; on a pu bien augurer de l'artiste qui se consacrait à ce labeur ingrat, on a dû le louer et l'encourager, car on a cru que ces essais n'avaient rien de définitif, en un mot qu'ils étaient un début. On s'était trompé. Le peintre, abusé sans doute par les éloges qu'on lui avait adressés, s'est imaginé que du premier coup il était arrivé au but, et depuis il est resté stationnaire, pour ne rien dire de plus. Dès lors les défauts devenaient inexcusables ; ce qui dans le principe ne paraissait que maladresse s'affirmait depuis comme un système. Pendant plusieurs années, nous avons revu les mêmes toiles légèrement peintes par une main qui ignore son métier, nous avons eu à contempler les mêmes compositions emphatiques dont il ne resterait rien, si l'on rendait aux vieilles estampes les personnages qu'on leur a empruntés. Si l'absence de modelé, le dédain de la beauté, une inconcevable négligence dans la facture, un dessin souvent fort irrégulier, suffisent à faire de bons tableaux, ceux auxquels je fais allusion sont irréprochables ; l'auteur est de bonne foi, j'en suis convaincu, mais il fait absolument fausse route, il s'égare, et je crois qu'il fera bien de revenir promptement sur ses pas s'il ne veut se perdre sans espoir de retour. Les ébauches qu'il nous montre aujourd'hui sont puériles tant par la façon trop cavalière dont elles sont exécutées que par l'énorme effet auquel elles visent et qu'elles sont loin d'atteindre. L'une ressemble à un rouleau de papier peint, l'autre a l'air d'une immense plaque de faïence ; dans toutes les deux, les ombres sont à peine appréciables. Le peintre qui a exposé ces deux tableaux paraît être sûr de lui ; il est cruel d'avoir à lui dire qu'il vit dans une illusion dont il doit sortir au plus vite, s'il ne veut faire oublier jusqu'aux premières toiles qui lui ont valu quelque réputation. C'est un talent rare que de savoir ne pas chercher les aventures pour lesquelles on est impropre. Développer ses aptitudes et leur donner tout leur essor, c'est la grande science de la vie. Tel qui est apte à peindre des tableaux d'intérieur ou des scènes champêtres se perd en essayant des compositions grandioses imitées de celles de la renaissance ; tel qui fait d'agréables *paysages* ne réussira jamais qu'à barbouiller de médiocres Vénus.

Cette faculté précieuse de bien connaître sa voie et d'y marcher imperturbablement se trouvait chez un homme estimable que l'art vient de perdre récemment ; je parle de M. Hippolyte Bellangé. Certes ce ne fut point un maître dans la signification exclusive du mot, car il ne créa rien de nouveau, mais ce fut un artiste honnête, restant avec adresse et modestie dans les limites d'un talent sérieux qu'il cherchait toujours à augmenter. On aurait pu lui demander plus d'ampleur dans le dessin, plus de fermeté dans la coloration ; mais il faut reconnaître que tous ses efforts furent sincères et que sa réputation est légitime. Ce fut un peintre militaire dans toute la force du terme. Né au commencement du siècle, il avait reçu la forte et durable impression des derniers désastres de l'empire, et à sa façon il protesta contre nos défaites. Il fut à la peinture ce que Béranger fut à la poésie avec moins de faux lyrisme et plus de conviction. Il méritait d'être populaire et ne l'a cependant été que dans une mesure assez restreinte. A côté d'Horace Vernet, qui peignait la grande guerre sur des toiles de trente pieds, il a su se faire une place enviable et qui n'est pas sans gloire, en choisissant de préférence les sujets épisodiques : les cantinières donnant à boire aux soldats blessés, les *deux amis*, les curés de campagne ramenant en croupe un vieux troupier sanglant, sujets plus littéraires peut-être que pittoresques, mais qui n'en avaient que plus le don d'attirer et de fixer l'attention. Il a peint sur les premières guerres de la république une série de tableaux qui méritent de rester dans le souvenir ; son crayon spirituel avait parfaitement saisi les physionomies diverses de l'armée, et, depuis le vieux grognard jusqu'au zouave actuel, il rendait le type avec entrain et vérité. Sa mort laisse un vide regrettable dans cette spécialité qui est loin d'être une des plus hautes de l'art, mais qui n'en a pas moins sa raison d'être et son utilité. Comme s'il eût senti la fin prochaine qui le menaçait, il est revenu à ses premières impressions ; on dirait qu'avant de mourir il a voulu peindre encore une fois, et dans son heure la plus épique, cette vieille garde dont si souvent il avait illustré les hauts faits. C'est à la fois un retour et un adieu à la vie. *La Garde meurt, 18 juin 1815*, tel est le titre de son dernier tableau, qui, à proprement parler, n'est qu'une ébauche inachevée : un groupe de morts au-dessus duquel deux ou trois survivants sont demeurés debout, farouches, désespérés, pleins d'imprécations, attentifs à donner la mort et indifférents à la recevoir. C'est fortement peint, par larges indications qui semblent prouver que l'œuvre définitive, si elle avait été achevée, aurait eu plus d'amplitude et plus de développement. Le sentiment est vrai et saisissant ; involontairement on se dit : Ce dut être ainsi ! Et ce n'est pas là un mince éloge à faire d'un tableau. Toute la scène s'enlève en vigueur sombre sur le ciel rouge et comme ensanglanté de cette exécrable soirée. On sent que les Prussiens arrivent et que la chasse aux Français va bientôt commencer. Hélas ! qui de nous ne porte en soi l'horreur de ce souvenir et ne se rappelle l'épouvantable galopade de Blücher à travers nos soldats en fuite ? Hippolyte Bellangé avait quinze ans à cette date funeste : il dut sentir jusqu'au fond de l'âme le deuil immérité de la patrie ; dans ceux qui furent vaincus, il ne vit plus que des martyrs et des héros, et il se mit à en peindre l'épopée. Il est resté fidèle et d'une façon très désintéressée aux croyances de sa jeunesse ; c'est là, de notre temps, un fait assez rare pour qu'il soit bon de le signaler avec éloge. Comme artiste, il a donné le précieux exemple d'un homme qui ne croit pas que la dimension d'un tableau importe au mérite de l'œuvre. Pourquoi M. Schreyer n'a-t-il pas suivi cet exemple ? L'an dernier, nous n'avions eu que des éloges à donner à la *Charge de l'artillerie de la garde*, qu'il avait maintenue et ramassée dans un cadre étroit qui la condensait et en faisait vigoureusement ressortir toute la valeur. Je regrette qu'aujourd'hui il ait tenté de s'agrandir, car il s'est singulièrement diminué. Dans la *Charge des cuirassiers à la bataille de la Moskowa*, je retrouve bien une partie des qualités de M. Schreyer ; mais elles sont affaiblies, amollies et presque neutres. Il me paraît manifeste que ce tableau a été fait beaucoup trop vite. Je sais que l'on peut me répondre comme Alceste : « Le temps ne fait rien à l'affaire ; » il n'en a pas moins une certaine importance et permet de donner à une œuvre toute la force et tout le soin qui lui sont nécessaires pour être remarquable. La touche est à la fois lâche et pesante ; les chevaux, tassés et osseux, ne sont point en rapport avec leurs cavaliers, coiffés de casques trop étroits. L'effet, cherché par toute sorte de moyens, n'a pas été obtenu, quoiqu'il ait été souvent dépassé, ne serait-ce que dans ce cuirassier mourant qui paraît mort depuis plusieurs jours. Le coloris, qui est habituellement une des sciences de M. Schreyer, est fade ; la composition, boursouflée et confuse, manque d'ensemble : elle se répand et ne se concentre pas ; les accessoires sont traités avec un laisser-aller qui m'étonne, et le dessin lui-même me paraît bien hésitant en certains morceaux. C'est là une défaillance qui ne sera que momentanée, j'en suis certain, car ce tableau, malgré les incorrections frappantes qu'il étale aux yeux, prouve que M. Schreyer possède les aptitudes sérieuses et le don inné qui constituent les vrais peintres. Le cheval de l'officier est d'une coloration trouvée et fort heureuse. Blanc, marqué de gris bleu à la tête et aux jambes, rappelant par ces deux tons celui de l'uniforme des cuirassiers, il est placé au centre, comme le point d'où doivent rayonner toutes les nuances voisines, qu'il résume et fait valoir. Cela est bien, et d'un véritable artiste ; le point de départ était excellent, mais le peintre est resté en route, et il a produit une œuvre plus brutale que forte ; l'intérêt est dispersé, la composition ne commence ni ne finit. La tentation était vive, je le comprends, de représenter un peloton arrivant de face et au galop, mais elle était pleine de périls qui n'ont point été évités. Il fallait, à force de soins et de réflexions, parvenir à vaincre la monotonie forcée de la disposition générale, triompher des très grandes difficultés de raccourci qu'elle offrait, et enfin *tricher* de manière à donner de l'air et des jours qui manquent absolument. M. Schreyer, avec qui il faut être sévère, car on a le droit de beaucoup exiger de lui, fera bien de ne pas se décourager. Erreur d'un homme d'esprit qui prendra sa revanche, disait-on jadis ; les meilleurs ont leurs moments de faiblesse, qui n'impliquent rien de grave pour l'avenir, mais qu'il faut signaler énergiquement, car notre premier devoir est de prémunir les artistes contre les dangers que nous apercevons. Ces défaillances ne sont souvent que passagères, et ceux qui les ont douloureusement subies en sortent parfois d'une façon triomphale. M. Hébert nous le prouve cette année en exposant deux très beaux portraits, et M. Eugène Fromentin avec un tableau dont nous aurons longuement à parler.

Si les maîtres s'endorment quelquefois, il faut dire que les efforts de leurs élèves ne sont pas de nature à les réveiller brusquement, et souvent nous avons eu à nous plaindre de la stérilité des générations nouvelles. Aujourd'hui nous pouvons rendre grâce aux dieux, car nous avons un début important à constater. En effet, les deux tableaux que M. Tony Robert-Fleury avait soumis en 1864 au jugement du public ont passé presque inaperçus et n'offraient aucune de ces qualités saillantes qui font remarquer une œuvre d'art. C'est donc au Salon de 1866 qu'il commence réellement à se faire connaître et à s'imposer à l'attention. Estimant sans doute, et avec raison, que l'histoire contemporaine présente à ceux qui savent la comprendre des sujets tout aussi pittoresques que l'histoire ancienne et la mythologie, il a demandé à des événements récents le motif d'une large et vigoureuse composition. Le titre de son tableau est fort simple, un nom de ville et une date : *Varsovie le 8 avril 1861*. Il faut raconter le fait que ce jeune et vaillant peintre a cherché à traduire sur la toile ; nous sommes volontiers oublieux en France, et il n'est pas mauvais de rappeler à nos mémoires fugitives certaines actions que l'histoire ne saurait assez flétrir. Au jour indiqué plus haut, la population de Varsovie, inoffensive et sans armes, remplissait les rues. C'était l'Annonciation, grande fête chômée par la catholique Pologne. Une longue file de gens paisibles se dirigeait vers la demeure du vice-roi ; au milieu de cette foule, on portait le drapeau polonais et le crucifix. Vers sept heures du soir, un signal donné par trois fusées immédiatement suivies de trois coups de canon amena toute la garnison russe autour de la place du château ; la population s'y trouva cernée. Trois fois un roulement de tambour et une sommation ordonna au peuple varsovien de se disperser ; nul ne bougea ; chacun, le matin, avait reçu l'extrême-onction, l'absolution, et se sentait prêt à mourir. En face des grenadiers russes rangés en bataille, la foule se mit à genoux et entonna le vieux cantique polonais : *Swienty Boze*, « Dieu saint, Dieu grand, ayez pitié de nous ! Marie vierge, reine de Pologne, ayez pitié de nous ! » Le bruit de la fusillade couvrit bientôt celui de la triste litanie. Personne ne recula ; à genoux et chantant toujours, les martyrs recevaient la mort et tombaient. Le soir, des escadrons de cosaques balayèrent la ville au galop et fouillèrent les maisons pour y arrêter les blessés. Ce fut ce jour-là que « le peuple de Varsovie se leva ; il se leva sans armes, ne portant dans ses mains que son drapeau et sa croix ; il ne donna pas la mort, mais il la reçut, et quand le dominateur, épouvanté d'une attitude si nouvelle, lui demanda ce qu'il voulait, il répondit : la patrie [1] ! »

C'est ce massacre inqualifiable que M. Robert-Meury fils a voulu représenter, et il a réussi avec un talent plein de promesses sérieuses. La toile est fort grande, car elle contient une foule compacte, et chaque personnage y est représenté de grandeur naturelle. Au fond, on aperçoit un escadron de cosaques à cheval ; devant le palais, un régiment d'infanterie russe est rangé et fait feu. Tous les premiers plans sont occupés par les Polonais agenouillés, morts ou mourants ; seuls, deux moines, dont l'un est déjà blessé, sont debout et lèvent vers les exterminateurs l'image du juste que les puissants de la terre ont cloué au gibet. Le drapeau de la Pologne, qui si longtemps fut le compagnon du nôtre, gît par terre, taché

---

1 Voyez dans la *Revue* du 1ᵉʳ janvier 1862 l'étude de M. Julian Klaczko sur *le Poète anonyme de la Pologne*.

de sang et presque caché par le cadavre de celui qui le portait. Des vieillards, des jeunes gens attendent impassiblement la mort et reprennent en chœur : « Dieu saint, Dieu grand, ayez pitié de nous ! » Une fille du peuple, vigoureuse et belle, faite pour vivre cent ans, s'affaisse, se tasse sur elle-même, frappée au sein qu'elle découvrait devant les bourreaux. A ses côtés, et sous la grêle des balles qui passent en sifflant, une autre jeune fille, épouvantée, se courbe par un mouvement involontaire et se voile la tête de ses deux bras croisés. De vieilles femmes serrant leur enfant contre leur poitrine s'offrent stoïquement, malgré une terreur invincible, en holocauste pour le salut de la patrie. Nul n'essaie de fuir, et l'œuvre de destruction continue.

Comme la plupart des élèves de M. Cogniet, M. Tony Robert-Fleury sait son métier : il manie la brosse avec adresse et fermeté ; de plus il est coloriste dans les gammes profondes et sait donner à sa peinture une harmonie qui n'est pas sans puissance. Son dessin est serré, dans de justes proportions, et ne s'égare pas en recherches inutiles. Tout en surveillant avec soin l'ensemble de sa composition, il ne néglige pas le *morceau*, et je pourrais citer telles mains, tel visage, telle ceinture qui sont traités d'une façon très remarquable. Malgré le côté forcément mélodramatique du sujet, il est difficile de voir une ordonnance plus simple. Cela est fort habile et ne fait qu'augmenter l'impression, qui n'est distraite par aucun épisode particulier et se concentre forcément sur l'action générale. Ce n'est point un chef-d'œuvre, mais c'est une bonne, une très bonne toile. M. Robert-Fleury fils a fait de grands et visibles efforts pour arriver à la vérité ethnographique ; presque tous les personnages ont le type slave, la pommette saillante, le front large, l'expression à la fois rêveuse et exaltée. Je me demande vainement pourquoi il a donné à ses deux moines des physionomies essentiellement italiennes. Il y a là une erreur ou une intention qui m'échappe. Les moines des couvents catholiques de Pologne sont des Polonais, et souvent même ils ont fait parler d'eux glorieusement pendant les guerres d'indépendance, ne fût-ce que ce père Marc qui joua un si grand rôle dans les affaires qui suivirent la confédération de Bar. Ceci n'est qu'une critique de détail, et je ne la ferais même pas, si je n'étais convaincu que M. Tony Robert-Fleury a raisonné chaque partie de son tableau et n'a rien laissé au hasard. Son originalité n'est pas encore entièrement dégagée ; il est si difficile et quelquefois si long de briser tout à fait sa coquille ! Je vois là, dans cette œuvre si importante et si honorable, quelques vieilles réminiscences qu'on dirait empruntées à M. Paul Delaroche et à M. Gallait : avec un peu d'étude et un peu d'effort, le jeune artiste arrivera facilement à produire des ouvrages tout à fait personnels et dignes d'une approbation sans réserve.

M. Tony Robert-Fleury a eu ce bonheur rare de trouver un nom justement célèbre au fond de son berceau. Si noblesse oblige, réputation impose. L'heure est propice pour occuper une place enviable dans l'école française, qui ne sait plus ni ce qu'elle veut, ni où elle va. M. Fleury fils saura-t-il prendre la tête de ce régiment en déroute, qui regarde de toutes parts pour savoir vers quelles sensualités nouvelles souffle le vent de la mode et du succès éphémère ? Je le voudrais, et j'ose l'espérer. S'il se sent au cœur cette grande ambition désintéressée des faciles triomphes de la camaraderie et dédaigneuse des gains rapides, qu'il ferme l'oreille aux bruits du dehors ; l'air est mauvais et murmure des conseils pernicieux. Qu'il vive en lui-même, devant la nature et avec les poètes ; qu'il aime son art par-dessus tout et qu'il lui sacrifie tout, même son envie de parvenir ! Par le sujet qu'il a choisi et traité, il prouve qu'il possède un esprit généreux et apte à comprendre le vrai ; c'est déjà considérable, et s'il peut arriver à bien se persuader que l'artiste a, lui aussi, une mission à remplir, que son unique raison d'être n'est pas simplement de mettre de jolies couleurs les unes à côté des autres, je ne doute pas qu'il ne devienne un maître à son tour et qu'il ne trouve de grandes récompenses au bout de la voie où il entre aujourd'hui.

C'est la force de la conception et non point l'adresse de la main qui fait les vrais artistes ; je ne saurais trop le répéter tout en reconnaissant que l'une est plus difficile à posséder que l'autre. Malheureusement la tendance générale aujourd'hui est vers l'habileté matérielle, et c'est peut-être à cause de cela que la *Cléopâtre* de M. Gérôme n'obtient pas tout le succès qu'elle mérite. Comme dans ce gracieux tableau on ne trouve pas certains empâtements qui font pâmer les faux connaisseurs, comme il n'offre aucun de ces tons violents qui semblent maintenant le *nec plus ultra* de l'art, on prétend que M. Gérôme baisse et que sa toile ne vaut pas celles qu'il nous a montrées jadis. J'avoue que je suis d'un avis diamétralement opposé et que je trouve *Cléopâtre* supérieure sous tous les rapports à ces douteuses *Phryné*, à ces *Louis XIV* étriqués que nous avons vus aux dernières expositions. Il est cependant une circonstance atténuante qui excuse sans la justifier l'erreur où le public se laisse entraîner. Le tableau n'a pas été verni, ce qui est fort sage, car il faut qu'une peinture ait séché au moins un an avant qu'on puisse la vernir sans danger, mais l'inconvénient n'en est pas moins réel ; les *embus* ont dévoré les glacis, aplati les contours, rendu les fonds indécis et donné à toute la composition un aspect noirâtre et terne qu'un simple coup d'éponge mouillée ferait disparaître. La coloration se montrerait alors ce qu'elle doit être, blonde et très fine. Cléopâtre, déjà fort sûre d'elle-même, quoiqu'elle n'eût alors que quinze ans et voulant obéir à un avis secret de César, se fit entourer d'un paquet de hardes ou d'un tapis, et fut ainsi portée, toute petite et mignonne, jusque dans le cabinet que « le chauve adultère » occupait au palais d'Alexandrie. « Ce fut la première emorche, à ce que l'on dit, qui attira César à l'aimer, dit Amyot traduisant Plutarque, pource que cette ruse luy fit appercevoir qu'elle estoit femme de gentil esprit. » César et ses serviteurs travaillent au fond de la pièce, et au premier plan apparaît Cléopâtre qu'un esclave nubien vient de découvrir en développant les tapis qui la couvraient. M. Gérôme a voulu faire ressortir la blancheur de la carnation de Cléopâtre en mettant auprès d'elle comme repoussoir la peau bronzée d'un fellah des bords du Nil. Certes ce fellah est fort beau, d'un excellent dessin, d'une expression vraie, d'une bonne facture et d'une pose très naturelle, mais puisque M. Gérôme invoquait Plutarque, il aurait pu le suivre jusqu'au bout et se rappeler qu'Apollodore, qui apporta Cléopâtre jusque dans l'appartement de César, était un Sicilien. La peau brune et presque dorée, les cheveux fortement bouclés des habitants de la vieille Trinacria, auraient facilement produit le même effet que les tons chocolat du Nubien ; Cléopâtre ne s'en serait pas moins détachée en clair sur le rouge sombre de la tonalité générale. Ceci n'est pas une critique puérile ; lorsqu'on est arrivé à la notoriété qui a récompensé les travaux de M. Gérôme, il faut savoir être exact, ne point sauter irrévérencieusement par-dessus Plutarque et s'astreindre à faire obéir la peinture à l'histoire au lieu de subordonner l'histoire à la peinture. Il est insignifiant que M. Henri Gaume représente le *Marché aux fleurs de la Madeleine* (d'après nature sans doute) avec trois rangées d'arbres, lorsque en réalité il n'y en a que deux ; mais il est important que M. Gérôme, maître en son art et sûr de sa main, ne se laisse pas aller à des fantaisies que le sujet repousse et que les exigences pittoresques ne justifient pas. La Cléopâtre est debout, charmante, montrant ses jeunes seins, chaste malgré sa demi-nudité et dans une attitude très simple qui lui donne tout son relief. Le pied d'un dessin déjà trop ramassé, est rendu plus court encore par la sandale, dont la bride dorée cache presque l'orteil ; c'est là un défaut qu'il eût été facile d'éviter. Les accessoires sont traités avec un soin exquis ; on dirait que les colonnes et les plafonds ont été peints par un architecte familiarisé avec les temples d'Égypte ; le costume de Cléopâtre est très heureux, fort habile d'arrangement et plein de détails qui sont exacts sans cependant être de l'archéologie. Les personnages du fond, César et ses scribes, absolument sacrifiés ne sont là que comme des comparses, pour donner la réplique à la figure principale. Je le répète, ce tableau nous apparaîtrait tout autre si le vernis en faisait ressortir les qualités, qui maintenant sont voilées par les embus.

A côté de cette toile, M. Gérôme expose une *Porte de la mosquée d'Haçanin* (et non pas d'*El Assaneyn*, ainsi que le livret l'a imprimé par erreur). C'est un sujet passablement lugubre. Devant la porte et au-dessus sont exposées des têtes coupées, parmi lesquelles je suis très surpris de reconnaître celle de Géricault, sans compter quelques autres auxquelles il serait facile de donner un nom. Calmes ou grimaçants, déjà décomposés, ces sinistres restes sont gardés par un *chaouch* qui tient sa pipe avec une indifférence toute fataliste et par un mamelouk coiffé du casque circassien et vêtu d'une cotte de mailles. La porte entr'ouverte laisse voir l'intérieur de la mosquée qu'éclaire le soleil et où les colonnes *lanternent* beaucoup trop. Tout l'aspect pittoresque est là : un effet lointain de lumière enfermé dans un cadre d'ombre. Là encore je chercherai querelle à M. Gérôme. En Orient, les têtes coupées et exposées ne se pendent pas par les cheveux, elles ne sont point entassées pêle-mêle sur une marche d'escalier ; elles sont fichées sur des piquets de fer, au-dessus des portes, sur les murailles, et y restent jusqu'à ce que les milans, les percnoptères et tous les autres oiseaux de proie chargés de la voirie les aient fait disparaître. J'ai vu, il y a longtemps, décapiter vingt et un chefs albanais révoltés : les têtes des quatre principaux furent plantées sur des pieux de fer au-dessus de la porte d'Eski-Séraï ; les autres furent proprement rangées sur le chaperon de la muraille. Le tableau de M. Gérôme n'en est pas moins digne d'éloges, car il est exécuté avec un soin minutieux ; mais, s'il rappelle le *Supplice des crochets* de Decamps, il ne le fait pas oublier.

Donc, et c'est avec plaisir que nous le constatons, M. Gérôme nous semble en progrès sur ses dernières productions ; nous en dirons autant de M. Lévy, quoique ses deux tableaux soient loin de nous satisfaire et laissent encore singulièrement à désirer. Ils sont néanmoins, malgré leurs qualités négatives, supérieurs à la *Vénus ceignant sa ceinture pour se rendre au jugement de Paris*, que nous avions vue avec tristesse au salon de 1863. Dans la pénurie extrême où nous sommes de peintres d'histoire, en présence des artistes douteux et comme énervés par une tradition trop lourde qui sortent de l'école de Rome, on a attentivement regardé cette année du côté de M. Emile Lévy, et l'on s'est demandé s'il ne serait pas celui que l'on attend. Certes M. Lévy ne manque point d'une certaine grâce ; mais ce qui lui fait défaut, c'est le *tempérament*, sans quoi l'on n'est jamais un artiste. A force de travail et de bon vouloir, on peut certainement produire des tableaux recommandantes : M. Paul Delaroche a passé sa vie à le prouver ; mais sans l'innéité, sans le don mystérieux que la fée inconnue apporte au jour même de la naissance, on ne fera que des à peu près et jamais une œuvre complète. Je prendrai un exemple pour me faire comprendre. M. Paul Baudry est né peintre, il a certaines qualités spéciales qu'il doit à son organisation particulière. A mon avis, il est loin d'en tirer le parti qu'il pourrait, et en cela il est coupable ; mais enfin il n'en est pas moins doué, et je n'oserais dire que M. Lévy ne l'est pas. Dans ce qu'il fait, je sens du soin, un effort de bon aloi, une envie de bien faire qui est très respectable, mais l'œuvre est froide, sans vie. Où en est l'âme ? J'ai beau la chercher avec persistance, je ne puis la découvrir. Est-ce le cerveau qui conçoit imparfaitement et qui paralyse la main ? est-ce la main qui refuse d'obéir aux injonctions du cerveau ? Je ne sais, mais certainement il y a désaccord entre les deux. Et cependant on reconnaît qu'il y a eu une sérieuse dépense de volonté pour réussir. Cela est fort honorable ; mais, hélas ! cela ne suffit pas, car alors chaque homme pourrait être artiste. « En toutes choses, il faut l'étoile, » a dit M. Edgar Quinet, — surtout dans les arts. L'*Idylle* représente une sorte de Paul et Virginie vêtus à l'antique qui traversent un ruisseau ; le jeune homme porte la jeune fille dans ses bras, et semble hésiter en mettant son pied sur une pierre. C'est là toute la composition, dont les détails ne rachètent guère la pauvreté. La *Mort d'Orphée* est plus compliquée. C'est une ordonnance en *cascade* qui du haut d'un tertre aboutit à un ravin. Celui qui reçut la lyre des mains mêmes d'Apollon est tombé sous les coups des thyrses, maigre, affaibli par sa vie errante et par ses regrets. Les femmes de Thrace, qu'il avait dédaignées, devenues de véritables ménades (au sens originel du mot), s'acharnent contre lui au nom célébré de ce Bacchus qu'il avait cependant si souvent invoqué : « Dieu Primigène, qui trois fois est revenu au monde, conseiller de Jupiter et de Proserpine, ô Bacchus ! dieu très pur, obscur, agreste et sauvage, écoute mes prières et sois-moi favorable ! » L'une d'elles, par un mouvement très bien rendu, a saisi Orphée par le bras et lève sur lui son thyrse, déjà faussé par un premier coup ; d'autres se précipitent vers lui, l'assaillent et vont le frapper d'une faucille. — Pourquoi la faucille, et non pas la serpe qui taille les ceps consacrés à Bacchus et se rougit du sang de la vigne ? — Une autre, vue de dos, laissant flotter sur sa robe bleuâtre une longue chevelure rousse, est en proie au « délire sacré » et s'entoure des replis d'un serpent ; quelques-unes enfin heurtent des cymbales et soufflent dans la flûte sensuelle qui jusqu'au christianisme combattit contre la lyre. Telle est en peu de mots cette composition, dont la violence n'est qu'apparente et dont le mouvement est illusoire. Il y avait là cependant tous les éléments d'un bon tableau ; mais l'exécution, sèche dans les contours, molle dans les surfaces, ne lui donne aucune force ; le dessin est grêle, petit, aigu, et sans cette ampleur que le sujet seul aurait exigé, de plus il est souvent incorrect. Je serais surpris de ces faiblesses, auxquelles il eût été facile de remédier, si je ne savais qu'à force de travailler à la même toile, de la regarder toujours, de s'en imprégner pour ainsi dire, on arrive à la voir non plus telle qu'elle est, mais seulement telle qu'on l'a conçue. Si bizarre que ce fait puisse paraître, il est absolument vrai, non-seulement pour les tableaux, mais pour tous les ouvrages où l'esprit est violemment surexcité. Les poètes n'y échappent pas plus que les peintres. Aussi, lorsque l'on revoit son œuvre après quelques jours de séparation, ce qui saisit d'abord, c'est le défaut, c'est le dessin irrégulier, c'est la coloration criarde, c'est l'*hiatus*, c'est la rime manquée.

Aussi ce ne sera pas l'insuffisance matérielle que je reprocherai à M. Emile Lévy ; mes observations s'adresseront plus loin et plus haut. Je ne vois dans ses œuvres exposées aujourd'hui aucun idéal, aucune recherche de la beauté ou de l'esprit. Les dieux avaient la force, la puissance, les plaisirs sans fin, et cependant, pour être immortels, ils ont été forcés de faire asseoir Psyché au milieu d'eux. Psyché, c'est l'âme, je ne l'apprends à personne, et je la cherche trop souvent en vain dans le panthéon des artistes modernes. Les peintres ne s'en soucient guère et la trouvent généralement inutile ; aussi je crains d'étonner beaucoup M. Emile Lévy en disant qu'à ses tableaux je préfère *la Muse et le Poète* de M. Timbal. Ce n'est certes point un chef-d'œuvre, je le reconnais, et il serait bien facile d'en faire une critique sévère ; mais j'y trouve ce je ne sais quoi qui m'arrête, car il essaie de m'arracher au triste milieu où nous vivons pour m'emmener dans un monde supérieur. Le sujet est des plus simples. Dans un bois sacré, éclairé par l'aube, celle du jour et celle de la vie, un jeune homme agenouillé tend la main vers une femme constellée qui semble lui montrer le but lointain où doivent tendre ses efforts. Le vêtement rouge du poète, les draperies blanches et bleues de la muse introduisent dans la coloration générale une *dominante* tricolore qui n'est point heureuse, quoiqu'elle soit atténuée et presque rachetée par la nuance mystérieuse du fond, que traversent les vives lueurs du soleil levant. On peut reprocher à M. Timbal d'avoir donné à ses personnages un modelé plus apparent que réel, d'avoir fait la tête de la déesse plus petite que de raison, d'avoir trouvé la distinction plutôt que la force ; mais la composition, à la fois chaste et noble, diminue ces défauts. L'idéal est élevé, la tendance excellente, et c'est assez pour mériter de sincères éloges. Être possédé du désir d'aller très haut et de faire rendre à l'art tout ce qu'il contient, c'est le fait d'un véritable artiste, et, même lorsqu'on ne réussit pas, cette recherche du beau est la preuve de qualités supérieures.

Cette recherche, je la trouve toujours chez M. Gustave Moreau, et je ne cesserai jamais de la louer tant que je la verrai dans ses œuvres.

Le peintre éminent auquel nous devons *Œdipe et le Sphinx* ne doit pas se faire illusion ; il y a une réaction contre lui : on est déjà las de l'entendre appeler juste. Il est en opposition flagrante avec tous ses confrères ; il les laisse chercher des succès faciles, s'épuiser sur les côtés sensuels de la peinture, et se contenter des *à peu près* équivoques qui ont valu quelque bruit à leur nom. Au rebours de tout ce que je vois aujourd'hui, il apporte dans ses œuvres une conscience inébranlable, il ne fait aucune concession, ni aux autres ni à lui-même. Il *veut*, cela est visible, et je crois qu'il ne quitte un tableau qu'après avoir dépensé à le parfaire toute la somme d'efforts dont il est capable. Comme il ne cherche que la grande et sérieuse peinture dégagée de toutes les petites et médiocres influences du moment, on l'accuse de faire de l'archaïsme ; celaient uniquement à ce qu'il est resté sur les hauteurs où les vieux maîtres ont vécu, loin du bruit des foules, loin des conseils malsains et des tentations dangereuses. Celui-là est un artiste dans toute la force du terme : il peut se tromper parfois, cela n'est pas douteux ; mais même dans ses erreurs (que je lui ai reprochées, *Jason et Médée*) j'ai reconnu l'homme convaincu qui a fortement médité son sujet et l'interprète avec une science considérable. Le jour où il se présente devant le public, il n'a rien négligé pour prouver que s'il n'a pas fait un chef-d'œuvre, il a du moins vigoureusement essayé d'en faire un. Certes *Œdipe et le Sphinx* reste son meilleur tableau, celui dont l'effet fut le plus saisissant et la facture la plus habile ; néanmoins c'est encore M. Moreau qui est le maître de l'exposition, car c'est lui qui a les tendances les meilleures, l'idéal le plus haut, l'amour le plus vif de son art, le désintéressement le plus radical des triomphes éphémères et le dédain le plus manifeste pour les succès de coterie. On dirait qu'en peignant il obéit à une fonction de son organisme. Qu'en adviendra-t-il ? Qu'importe ? Il a produit le tableau qu'il voyait en lui, le reste lui est indifférent. Cela est assez rare pour qu'on s'y arrête, car cela seul explique la force virtuelle qu'on retrouve dans toutes ses compositions et la puissance latente qu'on y peut remarquer.

Il expose cette année deux tableaux, *Diomède dévoré par ses chevaux* et *Orphée*. Le premier semble un souvenir de Piranèse, tant l'architecture y a d'ampleur et d'importance. L'écurie de Diomède est une sorte de cirque entouré d'une haute muraille d'où s'élancent de fortes colonnes qui donnent à toute l'ordonnance un aspect d'imposante sévérité ; Hercule vient d'accomplir son *travail*, du haut des murs il a jeté l'impur roi des Bistones à ses chevaux carnivores ; ils se sont rués sur leur maître, l'ont saisi par le bras, par le cou, le tiennent entre leurs terribles mâchoires suspendu en l'air et commencent leur sanglant repas ; çà et là quelques cadavres blancs comme de l'ivoire servent de pâture à des vautours chenus. Les chevaux, exagérés dans leurs formes trop accentuées, ainsi qu'il convient à des animaux fabuleux, avec leur cou énorme, leurs larges joues, leurs naseaux froncés, leur sabot violent, leurs membres charnus, semblent être les aïeux antédiluviens des admirables chevaux qui marchent pacifiquement sur la frise du Parthénon. Diomède, un peu trop sec de contours peut-être, laisse éclater sur son pâle visage une terreur grimaçante et désespérée. Tout le fond de la composition, tenu dans l'ombre, ombre à la fois transparente et puissante, fait ressortir les blancheurs très habiles des premiers plans. Depuis le ton gris-perle très clair du premier cheval jusqu'aux nuances blafardes des cadavres, l'harmonie est parfaitement complétée par les couleurs chair de Diomède et le plumage blanc des vautours. Il y avait dans ce sujet une tentation bien attrayante pour M. Moreau. Faire combattre Hercule et Diomède pied contre pied, épaule contre épaule, quelle occasion de montrer qu'on connaissait sa myologie ! quel plaisir de faire saillir le trapèze, le deltoïde, le grand dentelé, de mettre toute la musculature en mouvement et de faire un tableau qui eût ressemblé à un bas-relief ! C'était facile, c'était vulgaire, et un peintre médiocre n'y aurait pas manqué ; mais M. Moreau est un esprit distingué et qui réfléchit. Il a simplement placé Hercule dans un coin ; assis sur la muraille, il n'agit pas, il regarde, et en effet ce doit être ainsi, car le grand labeur est terminé ; c'est un juge, ce n'est point un bourreau, et celui, dont la massue était en bois d'olivier, le doux héros qu'on invoquait comme protecteur des routes, n'a plus à se mêler à ce châtiment mérité. Il a jeté la bête brute aux animaux féroces, sa mission est accomplie, et il ne reste là que comme témoin pour être bien certain que le coupable n'échappera pas. L'excellente intention de M. Gustave Moreau aura-t-elle été comprise par tout le monde ? Je l'espère, car elle est d'une clarté à ne pouvoir laisser aucun doute. Les peintres sourient volontiers à ces sortes de finesses, ils n'ont point raison, car ce sont elles qui donnent à une œuvre le cachet moral et particulier qui la rend originale.

Lorsque les ménades eurent déchiré et décapité Orphée, qui par ses chants, sa doctrine et ses vers combattait l'orgiasme bachique, la tête du fils de Calliope, du compagnon de Jason, roula dans les flots de l'Hèbre et s'arrêta sur les bords de la mer, suivant une légende, ou, selon une autre, fut portée par les flots jusqu'aux rives de Lesbos ; une jeune fille trouva la tête et la lyre du « premier chantre du monde, » et recueillit pieusement ces saintes dépouilles. C'est là le sujet du second tableau de M. Moreau. Ici encore la composition n'offre aucune ambiguïté, et les personnes qui reprochèrent l'an dernier à M. Moreau de manquer de lucidité dans l'expression de ses idées plastiques doivent être satisfaites aujourd'hui. Sur la lyre qu'elle tient dans ses bras, la jeune fille a posé la tête d'Orphée et la regarde avec une tristesse infinie, en marchant lentement, avec toute sorte de respect et de précaution pour cette relique sacrée. Elle est seule au milieu d'un paysage âpre qu'égaient seulement la sombre verdure et les fruits d'or d'un citronnier ; quelques flaques d'eau s'étalent vers la droite ; à gauche, une sorte d'arcade naturelle formée d'un seul rocher s'élève et sert de piédestal à un groupe de bergers indifférents, qui jouent du chalumeau et paissent leurs chèvres. Qu'importe en effet à l'impassible nature la fin cruelle de celui qui pleurait Eurydice et qui chantait les dieux ? Son cours ne peut pas être interrompu, et la vie circule partout, dans les plantes et dans les êtres. Toute poésie est-elle éteinte à toujours parce qu'Orphée est mort ? Non pas, car voici sur le rivage même deux petites tortues qui plus tard offriront leur carapace aux poètes qui voudront encore faire résonner la lyre. Ainsi qu'on le voit, la composition s'explique d'elle-même et sans grands efforts. La jeune fille est charmante, de profil, blonde, les yeux baissés, pâlie par l'émotion et contemplant avec une ineffable pitié cette fine et héroïque tête dont les lèvres ne s'ouvriront plus. Ses mains, ses pieds nus sont d'un dessin exquis, et je n'aurais que des éloges à donner à toute cette gracieuse figure, si la jambe qui marche n'était manifestement trop courte et ne donnait par conséquent au torse une longueur disproportionnée. C'est là un défaut auquel il sera facile de remédier, et je le signale à la scrupuleuse attention de M.

Moreau. La jeune fille est vêtue d'une robe étroite, d'une *gone*, ainsi qu'on disait autrefois, qui dessine les bras, serre la taille, presse les hanches et vient en plis réguliers tomber au-dessous des chevilles ; cette robe est d'étoffe éclatante fleuronnée de rosaces bleues ; une large ceinture frangée la fixe contre le corps. On n'a point ménagé les critiques, et en effet une femme de l'antiquité sans tunique, sans peplum et sans manteau flottant sur les épaules, c'est une hérésie contre la religion de la draperie et une attaque directe aux commodes traditions de l'école. J'en suis fâché, mais, à son insu peut-être, M. Moreau s'est rapproché de la vérité historique. Les costumes de la Haute-Grèce, de la Thrace, de la Macédoine, des îles septentrionales de la mer Egée étaient fort riches, parsemés de fleurs brodées et d'étoffes généralement voyantes. Lorsque les Égyptiens, neuf siècles avant Jésus-Christ, eurent à peindre dans les grottes de Beni-Haçan les Grecs qui faisaient le commerce avec eux, ils représentèrent des hommes et des femmes « habillés d'étoffes très riches, peintes (surtout celles des femmes) comme le sont les tuniques des dames grecques sur les vases grecs du vieux style. » Je viens de citer Champollion le jeune, qui s'y connaissait. En Grèce, actuellement encore, partout où les modes françaises n'ont point pénétré, et surtout vers les hauts lieux où les invasions successives n'ont jamais réussi à s'établir, le costume antique a été fort peu modifié ; on le retrouve tout entier depuis la cnémis dont parle Homère jusqu'au gorgerin que portait Minerve. Aux environs du temple d'Apollon Épicurius, sur les confins de la Messénie et de l'Arcadie, au petit village de Dravoï, j'ai vu des femmes vêtues, à très peu de différence près, comme la jeune fille de M. Moreau. Une longue robe rouge brodée et passementée les enveloppait, et leur chevelure était rattachée par un mouchoir orné de fleurs en soie brillante. Poussé par son esprit investigateur, M. Moreau a rencontré beaucoup plus juste que s'il avait adopté pour son personnage la blouse blanche à bordure rouge ou bleue que les peintres s'imaginent trop facilement avoir été le costume uniforme de toute l'antiquité. C'est là du reste une querelle sans importance, mais elle prouve à M. Gustave Moreau qu'il doit redoubler d'efforts, ne se relâcher en rien de la sévère direction qu'il s'est imposée, et s'agrandir encore à force de travail et de concentration, s'il veut conquérir et garder définitivement le rang qu'il ambitionne.

Sans être d'un ordre aussi élevé que M. Moreau, M. Charles Comte est un artiste de bon vouloir, fort soigneux dans ses ouvrages, et qui les pousse à un degré de *fini* qui prouve une conscience difficile. Cela est bon, et M. Comte doit le sentir tout le premier, car il n'a point perdu ses peines, et le succès l'a récompensé. Nous avons eu plusieurs fois occasion de louer ses tableaux, et cette fois encore nous ne pouvons qu'applaudir à son *Charles-Quint visitant le château de Gand*. L'ambitieux qui rêvait peut-être secrètement d'échanger la couronne fermée des empereurs contre la triple tiare des papes, avant de se retirer au monastère de Yuste veut revoir les lieux où il a été élevé. Déjà vieux, atteint par la goutte, appuyé sur un jeune écuyer, suivi par les officiers et quelques femmes de son ancienne cour, il vient curieusement dans les appartements déserts et regarde. Le trône où il s'est assis souvent est vide, tout est nu, triste, comme démeublé et solitaire. C'est la salle de *la Toison d'or* ; une immense tapisserie de haute lisse qui couvre toutes les murailles représente Hellé, Phryxus, les Argonautes, Médée, et raconte ainsi l'histoire de cette toison que Jason devait conquérir, et qui, par suite d'une interprétation équivoque, était destinée à devenir l'emblème d'un des premiers ordres de chevalerie du monde. Ce fond de nuances vives, mais très harmonieuses entre elles, est traité avec une entente remarquable du coloris ; en effet, au lieu de nuire aux personnages, ces tons gais les font ressortir et leur donnent une valeur relative fort heureusement trouvée. Toutes les têtes, depuis celle de Charles-Quint jusqu'à celle de son dernier homme de suite, sont fines, expressives, modelées peut-être d'une façon un peu trop restreinte, mais vigoureuses néanmoins et en rapport direct avec le sujet. M. Comte est très harmoniste, et c'est une qualité qu'il partage avec M. Bonnat, dont les *Paysans napolitains devant le palais Farnèse* sont un bon pendant aux *Pèlerins* qu'il exposa en 1864. C'est la même habileté dans l'emploi difficile des rouges, des blancs et des noirs ; la coloration est bonne, ferme et profonde ; le dessin m'a paru plus régulier, plus châtié. Tout ce petit tableau annonce que l'auteur est en progrès ; peut-être ne sent-on pas assez le corps de l'homme couché sur le banc de pierre entre les femmes assises ; il eût demandé, je crois, à être accusé davantage et à se faire deviner dès le premier regard. Les types sont étudiés avec fidélité, mais c'est là un soin si facile qu'il est superflu d'insister. Cette toile est séduisante, chaude, bien venue, et je la préfère sans hésitation à ce grand *Saint Vincent de Paul prenant la place d'un galérien*. M. Bonnat s'est beaucoup trop fié à sa facilité, et il a échoué ; il faut avoir le courage de le lui dire. Ce n'est pas un tableau, c'est une improvisation à la *Fa-presto* ; il est évident que le peintre s'est hâté et n'a pas consacré à une œuvre de cette importance le temps matériel qu'elle exigeait. Laissons la rapidité de la vapeur à l'industrie et gardons pour l'art les sages lenteurs dont il a besoin sous peine de ne plus être. La coloration est savante, il est vrai, car c'est là une qualité innée chez M. Bonnat, mais elle est cependant inférieure à celle des *Paysans*. Aucune des difficultés n'a été attaquée de front, toutes ont été tournées, j'allais dire escamotées ; les muscles sont creux et vides ; il n'y a rien sous la peau ; on ne sent point l'armature osseuse ; c'est une bonne ébauche qui a besoin d'être reprise, travaillée, terminée avant d'être un tableau ; actuellement elle est molle et sans force, et demande à être exécutée pour prendre toute sa vigueur. Il ne suffit pas d'indiquer une composition, il faut la dessiner, la *charpenter*, la peindre, si l'on veut être pris au sérieux. Et puis pourquoi cette préoccupation, cette réminiscence au moins inutile des maîtres espagnols ? Ne serons-nous donc jamais que des imitateurs et n'avons-nous pas en nous assez de ressort pour créer quelque chose ? Il me semble qu'il est bien temps de sortir des ornières italienne, espagnole, hollandaise et flamande, et de faire enfin du français ; nous y gagnerons au moins d'avoir de l'originalité. Il faut voir où cette manie déplorable d'imitation a conduit M. Ribot ; il annihile et neutralise à plaisir un talent très recommandable, une habileté de main peu commune et une science de coloration que beaucoup pourraient envier. A quoi aboutissent tous les efforts que je reconnais dans le *Jésus au milieu des docteurs* ? A rien, ou à faire dire qu'on aime mieux l'Espagnolet. Mais si à M. Ribot je préfère Ribeira, je préfère M. Ribot à M. Roybet, et cependant ce dernier s'est donné bien du mal pour imiter cet imitateur. On cherche à faire quelque bruit autour du tableau de M. Roybet, *un Fou sous Henri III* ; en toute sincérité, c'est puéril. Cette toile a l'importance d'un beau morceau d'étoffe. Un fou noirâtre et grimaçant, peu d'aplomb sur des jambes très mal dessinées, montrant une main de charbonnier trop petite et sans attache, tient en laisse deux chiens au milieu d'une campagne où les arbres ferment l'horizon. Tout le mérite du tableau est dans le ton rouge du vêtement s'enlevant en vigueur sur un fond d'un vert sombre et étouffé. En revanche les chiens sont fort beaux, grassement peints, trop cernés de noir, mais assez vivants et bien sur pattes. Si le dessin, l'ordonnance, la composition d'un tableau sont inutiles, si un seul ton éclatant suffit à constituer une œuvre d'art, il ne faut ni longue éducation ni aptitudes spéciales pour faire un artiste ; le dernier des teinturiers de Damas ou de Bénarès est un grand peintre. J'aime à croire que M. Roybet a de l'avenir, et qu'il ira plus loin qu'il ne le promet aujourd'hui ; mais, avant de me permettre de le juger, j'attendrai qu'il ait exposé un tableau.

Section III

S'il suffisait de savoir peindre pour être un artiste, M. Courbet en serait un fort remarquable ; cependant ce n'est qu'un peintre, pas autre chose, un très habile ouvrier. L'artiste crée, le peintre copie ; là est la différence essentielle qu'on oublie trop souvent aujourd'hui. M. Courbet a un système qui peut se résumer en peu de mots : le seul devoir du peintre est de ne reproduire que les objets qu'il voit et absolument tels qu'il les voit. Si M. Courbet n'était radicalement dénué d'invention, il aurait un tout autre principe, et jamais il n'eût ravalé son art à n'être qu'un métier. Si l'unique but de la peinture est d'imiter servilement, la photographie lui est préférable, car elle est plus exacte et ne peut jamais dévier. M. Courbet, entraîné vers ces théories baroques par une absence complète d'imagination, n'a jamais compris que bien souvent la vérité inventée est supérieure à la vérité observée ; la première peut être absolue, la seconde n'est jamais que relative. La *Vénus de Milo* est plus belle que toutes les femmes, c'est le type même de la femme, et cependant ce n'est point une femme. Dans les documents qu'offre la nature, il faut savoir choisir. Prendre au hasard ce qu'on aperçoit, c'est se réduire à l'état de pantographe et abdiquer d'un seul coup toutes les facultés du cerveau ; c'est réduire à néant l'observation, la comparaison, l'élection. Dans le cercle étroit où il s'est condamné à tourner depuis déjà longtemps, M. Courbet a eu bien des défaillances, il a fait parfois de très mauvais tableaux ; qui ne se souvient du portrait de Proudhon ? C'était infliger à ce grand contradicteur un supplice que ses ennemis les plus implacables n'avaient point osé rêver pour lui. Ce n'est pas d'aujourd'hui que M. Courbet expose ; il y a précisément vingt ans, il nous montrait un *portrait d'homme*, le sien sans doute. Depuis cette époque, beaucoup de bruit s'est fait autour de son nom ; habile, madré comme la plupart de ses compatriotes, fatigué de la longue obscurité qui l'environnait, il a tâté le public avec quelques grosses excentricités qui ont ravi tout ce qui ne savait ni inventer, ni composer, ni dessiner, qui ont indigné quelques « amans des arts, » et qui, en somme, ont fait rire tout le monde. La camaraderie s'en est mêlée ; le peintre d'Ornans est, devenu un maître pour quelques adeptes, et on en a fait un chef d'école, le grand directeur patenté du réalisme. Ceci est un enfantillage peu dangereux sur lequel il n'y a pas à s'appesantir. Il fut à l'art ce que le *Ma pa* avait été à la religion. Aujourd'hui M. Courbet paraît revenir à des sentiments plus sérieux et chercher le succès dans des œuvres de bon aloi ; il faut lui en tenir compte et applaudir à son effort. Sa *Remise aux chevreuils* est une toile remarquable, à laquelle il ne manque qu'une meilleure entente de la perspective aérienne pour être un excellent tableau. Il n'y a pas de composition, je n'ai pas besoin de le dire. Quelques hêtres, un ruisseau courant au pied d'un rocher grisâtre, quatre chevreuils, un fond de bois, et c'est là tout. C'est gras, puissant, très solide ; et d'une impression vraie. Les eaux sont transparentes, les rochers rendus dans tout leur détail ; les animaux ont été étudiés avec soin, surtout le broquart debout et dont on voit le *tablier*. En résumé, c'est là un paysage très bon ; il prouve que la main de M. Courbet est fort habile, qu'elle n'ignore aucune des ressources du métier, et qu'elle pourrait produire des œuvres importantes, si elle obéissait au cerveau, au lieu de le diriger.

M. Courbet expose aussi un autre tableau qui a quelques prétentions à être de la grande peinture. C'est une femme nue, couchée et qui joue avec un perroquet. Le titre en est singulier, pour ne rien dire de plus : *la Femme au perroquet*, pour faire pendant sans doute à *la Vierge à la chaise* ! Donner à son œuvre un tel baptême, que la postérité accorde seule, croire qu'on a fait la *femme au perroquet* par excellence, c'est une étrange aberration et qui explique peut-être tous les côtés maladifs du talent de M.

Courbet. — En 1844, M. Paul Delaroche, étant à Rome, exposa dans son atelier *un repos en Égypte* ; la Vierge était assise près d'un rocher sur lequel un lézard grimpait ; un des assistants, voulant faire sa cour à l'artiste, lui dit : « Vous devriez intituler votre tableau *la Vierge au lézard.* » M. Delaroche sourit avec tristesse et répondit : « On verra cela dans une centaine d'années. » M. Courbet a été moins modeste que M. Delaroche, cela se comprend. Elle est assez médiocre au reste, *la femme au perroquet.* Étendue, la tête renversée, toute nue, près d'un jupon à crinoline qui fait là un équivoque et déplorable effet, les jambes de ci et de là, laissant flotter une énorme chevelure qui ressemble à des copeaux de palissandre, elle joue avec un perroquet qu'elle tient sur sa main. M. Courbet a donné à toute cette figure des ombres couleur chocolat ; pourquoi ? C'est un des nombreux mystères du *réalisme*, et il m'échappe, car j'avoue humblement que je ne suis pas initié. En revanche le perroquet est réussi de tout point, dans ses nuances et dans son mouvement. A voir la coloration terne de ce tableau, je crains qu'il n'ait été peint sur une toile noire, ce qui en rendrait la destruction inévitable avant peu d'années ; il suffit pour s'en convaincre d'aller voir au musée du Louvre ce que sont devenues les compositions de Valentin. En somme, M. Courbet n'est qu'un peintre de paysage ; de tous les tableaux qu'il a exposés depuis qu'il a découvert le dogme fondamental du *réalisme*, je n'en ai vu que deux qui soient réellement remarquables : *la Remise aux chevreuils* de cette année et *le Cerf à l'eau* de 1861. Dans cette voie qu'un peu de culture intellectuelle améliorerait certainement, M. Courbet peut rencontrer des succès légitimes et durables. En s'essayant encore dans la grande peinture, j'ai bien peur que le maître peintre d'Ornans ne compromette singulièrement ses qualités et sa réputation.

Il est difficile maintenant de séparer le *genre* du *paysage*, ils se sont tellement mêlés tous les deux, les peintres ont tellement pris l'excellente habitude de mettre l'homme et la nature en présence, que nous renoncerons aux anciennes classifications, qui n'ont plus leur raison d'être. L'homme et la nature se complètent l'un l'autre ; tout est donc pour le mieux. Nous pouvons tuer le veau gras, l'enfant prodigue est revenu, et c'est avec une joie sincère que nous saluons son retour, car son départ nous avait profondément affligé. *La tribu nomade en marche vers les pâturages du Tell* est un des meilleurs tableaux que M Fromentin ait encore offerts au public. J'y retrouve ce charme, cette élégance, cette finesse, cette science approfondie des aimables colorations, toutes ces agréables qualités, en un mot, que si souvent déjà nous avons pris plaisir à louer. M. Fromentin a bien fait de revenir au genre qui lui a valu ses premiers, ses meilleurs succès, et dans lequel il est passé maître. C'est là, s'il veut en croire nos conseils désintéressés, qu'il se fixera désormais, et il ne recommencera plus ces excursions inutiles, sinon dangereuses, dans des pays qui ne sont pas faits pour lui. Ce que j'aime dans le tableau que je vois aujourd'hui, c'est que M. Fromentin y est tout entier avec ses qualités et aussi, je dois le dire, avec quelques imperfections qui lui restent encore et que je signalerai. Une tribu est en marche et traverse un gué ; au loin sur une colline, on devine plutôt qu'on n'aperçoit les longs troupeaux qui ont passé les premiers et qui soulèvent sous leurs pas un nuage de poussière. Un groupe de cavaliers, cheiks et khalifats, surveillent les hommes et les femmes, qui, chargés d'enfants, d'ustensiles de cuisine, entrent dans l'eau pour gagner la rive rapprochée. Ce groupe de cavaliers vêtus de burnous blancs, montés sur des chevaux blancs nacrés, donne la gamme claire la plus élevée du tableau ; elle se rallie aux tons blanchâtres des femmes placées sur l'autre bord par une série fort habile de nuances intermédiaires, isabelle, grise, bleu pâle ; le centre est sombre et comme noir, formé par des arbres et par des animaux bai-bruns ; c'est là une disposition heureuse, très bien trouvée, et rendue avec une franchise peu commune. Rien ne détonne, nulle violence, nul effet criard ; tout est bien à sa place ; les couleurs, en se juxtaposant, se font valoir mutuellement au lieu de se nuire ; elles s'éclairent, se soutiennent l'une l'autre, parcourent leur gamme relative sans faire une seule fausse note ; il est impossible de voir un ensemble plus harmonieux ; c'est une symphonie. Les chevaux et les personnages sont exécutés avec précision ; vrais dans leur attitude et par leur costume, ils le sont encore par leur mouvement, qui est exact et bien dirigé. Le paysage a une certaine largeur, mais je dois dire que l'exécution en a été un peu négligée. Le reproche qu'on est en droit d'adresser à M. Fromentin, c'est que son tableau est de deux factures : l'une, très serrée et même un peu sèche pour les figures ;

l'autre au contraire, indécise, cotonneuse, *entrevue* seulement, pour le paysage. Or ces deux factures employées dans la même toile se combattent et se portent forcément préjudice ; elles s'exagèrent mutuellement ; le paysage fait paraître les personnages plus secs qu'ils ne sont, les personnages font paraître le paysage plus mou qu'il n'est. Déjà, à propos de *la Curée* (1863), j'avais adressé la même observation à M. Fromentin ; sans exiger qu'il ait une seule facture à l'imitation de M. Biaise Desgoffes, qui, à force de peindre des agates, en est arrivé cette année à cristalliser sa manière et à faire des perce-neige, des gants et des iris en pierres dures, on peut lui demander de surveiller cette tendance à trop mêler deux exécutions absolument différentes. Ses tableaux y gagneront à la fois plus de fermeté et plus de souplesse. *Un étang dans les oasis, Saharah*, est lestement peint d'une brosse grasse qui n'a point redouté les empâtements. Le vert très sombre des arbres massés en rideaux semble uniquement destiné à faire valoir le ton rouge, presque orange, du soleil couchant. C'est d'une coloration un peu exagérée, mais très savante, et qui est réussie, puisqu'elle obtient l'effet qu'elle a cherché.

M. Hippolyte Lanoue est un adorateur fervent de la campagne de Rome ; à la façon dont il la reproduit, on sent qu'il l'aime de cette tendresse violente qu'elle inspire à tous ceux qui ont vécu dans sa familiarité et à qui elle a dévoilé ses beautés secrètes. Il y a deux ans, M. Lanoue exposait un fort beau paysage pris à l'*Acqua accetosa, la Vue du rocher des Nazons* ne lui cède en rien et lui servirait au besoin de pendant. On peut reprocher à M. Lanoue d'avoir martelé son ciel et d'avoir un peu trop *maçonné* sa pâte ; mais, ces réserves faites, nous ne pouvons que louer, et dans les termes les plus sincères, l'aspect magistral et grandiose de sa composition. C'est la nature, mais avec sa couleur la plus riche et la moins superficielle, avec toute l'amplitude et toute la noblesse de ses lignes. C'est bien simple cependant, une mare, une prairie que traverse une route et qui s'appuie à une montagne ; mais l'air qui circule librement, la pureté des contours, la chaleur du coloris, donnent à cette toile une valeur précieuse. En la regardant, en la comparant avec la plupart des paysages faciles qui se font aujourd'hui, on reconnaît que M. Lanoue a été nourri de fortes études, que son éducation d'artiste a été lente, pénible, sévère, qu'il n'est arrivé à de si bons résultats qu'à force de travail et de volonté, et qu'il a eu plus d'un combat à soutenir avant de sortir vainqueur de la lutte qu'il avait engagée ; Qu'il ne se plaigne pas ! la récompense a été tardive, mais enfin elle est venue, et il n'y a pas à regretter les efforts du temps passé ; M. Lanoue me semble, depuis quelques années, avoir dépouillé tout ce qui lui restait du vieil homme et marcher maintenant dans une voie excellente ; je ne saurais trop l'encourager à y rester toujours.

Dégager une composition des accessoires inutiles afin d'en concentrer l'effet et de lui donner toute sa puissance, c'est une des premières lois de l'art, et M. Berchère y a obéi cette année beaucoup plus qu'il ne l'avait fait pour son *Coup de vent dans le désert* et pour son *Frondeur*. Le *Ralliement des caravanes à la halte de nuit* est un tableau dont l'ordonnance ne laisse rien à désirer ; il exprime précisément ce qu'il représente avec une probité qui s'impose à l'attention. La caravane a marché tout le jour, le soir est venu, puis la nuit est arrivée rapide et comme empressée de rafraîchir ces pays brûlés du soleil. Des retardataires sont loin encore, qui peuvent s'égarer et ne plus entendre le cliquetis des sonnettes suspendues au cou des chameaux conducteurs. Un homme alors, juché sur un dromadaire, la main armée d'une branche enflammée, monte sur une colline ; il appelle vers les quatre points cardinaux en agitant son brandon lumineux. A ce signal qui s'entend et se voit de loin, toute la caravane se rassemble et se groupe autour des feux pour y passer la nuit après avoir fait les ablutions de sable prescrites par le prophète lorsqu'on voyage dans les contrées où il n'y a pas d'eau. L'instant choisi avec discernement par M. Berchère est celui où le *krébril*, du haut de son dromadaire arrêté, lève le flambeau et pousse le cri de ralliement. Sur le fond obscur de la nuit, l'homme et l'étrange animal se détachent en tons plus clairs et forment avec le fond une harmonie sombre qui n'est pas sans grandeur ; le dessin du dromadaire est excellent et prouve une longue et minutieuse étude du sujet. Je voudrais plus de légèreté dans la touche ; on dirait que M. Berchère a dans la main je ne sais quelle pesanteur native dont il a bien du mal à se débarrasser. Ce défaut, car c'en est un, apparaît surtout dans la façon dont les premiers plans sont traités. Quel est ce terrain ? Est-ce du sable ? est-ce de l'argile ? est-ce de la terre végétale ? On n'en sait rien, et cependant il est important de le montrer et de le faire comprendre.

La bonne volonté de M. Berchère n'est point douteuse, et je suis convaincu que ses efforts vers le mieux sont sincères ; je crois qu'il aura fait un grand pas le jour où sa brosse, plus aisée et moins lourde, rendra exactement ce que l'œil a retenu. Il faut remarquer cependant que M. Berchère a triomphé des difficultés pittoresques qu'offre toujours un effet de nuit. J'en dirai autant de M. Pasini, dont le *Courrier endormi dans les solitudes de la Perse* n'est certes pas l'œuvre du premier venu. Le ciel sans limites, déjà blanchi à l'horizon par les premières pâleurs de l'aube, se courbe au-dessus d'une des vastes plaines désertes et inhospitalières de la Perse. Un courrier (nous dirions plus justement un piéton) s'est de lassitude couché sur la terre nue ; il dort profondément, aplati, pour ainsi dire, sous le double poids de la fatigue et du sommeil ; un de ses bras est étendu à portée de son bâton ferré, l'autre repose sur sa poitrine ; une souquenille blanchâtre serrée d'une ceinture en cuir passementée de parchemin couvre son corps maigre et vigoureux ; autour de sa jambe, une mèche enroulée descend jusqu'à son pied, passe entre les orteils et brûle. Au moment où il sentira la douleur, c'est que l'heure du départ aura sonné ; il éteindra ce réveille-matin d'une espèce nouvelle, se relèvera, ramassera son bâton et reprendra sa route. La scène, peu compliquée du reste, est très bien rendue. L'homme est parfaitement dessiné, et son affaissement est visible ; l'harmonie générale rend bien la limpidité implacable des atmosphères d'Orient, qui rapprochent les horizons les plus reculés et que nulle humidité n'appesantit. M. Pasini a la spécialité de la Perse ; il doit y avoir vécu, car il paraît la connaître comme une seconde patrie. Il faut constater qu'elle l'a bien inspiré ; depuis quelque temps, il est en progrès manifeste : sa facture s'est serrée et a heureusement perdu cette touche martelée et désunie qu'elle affectait autrefois.

Ce n'est ni à la Nubie, comme M. Berchère, ni à la Perse, comme M. Pasini, que M. Schutzenberger a demandé le motif de son tableau ; c'est au pays des fables, à cette patrie connue des poètes où les *centaures* vivant en liberté passaient, ainsi que de simples mortels, leur existence dans des aventures de guerre, de chasse et d'amour. Sans vouloir quereller l'artiste sur le sujet qu'il a choisi, on peut lui dire que ces animaux fantastiques, moitié hommes et moitié chevaux, appartiennent plutôt à la sculpture décorative qu'à la peinture. Les formes n'en sont pas agréables ; ce torse vertical, cette croupe horizontale réunis à angle droit sont disgracieux, trop rectilignes au repos, et dans le mouvement il est bien difficile de leur donner une harmonie d'ensemble que détruit forcément leur double nature. Sur le fronton d'un temple, dans les métopes d'une frise, ces êtres singuliers peuvent piaffer avec énergie ou défiler avec grâce, mais dans un tableau ils sont un peu trop fabuleux pour ne pas être étranges et comme déplacés. Nous ne parlons jamais qu'avec une extrême réserve des sujets que les artistes choisissent, nous estimons néanmoins qu'ils devraient y faire la plus grande attention : c'est la manière de les interpréter qui fait tout, je le sais ; mais il y en a qui sont naturellement féconds, tandis que d'autres sont fatalement stériles et n'offrent aucune ressource pour la ligne, la couleur et la composition. Ceci ne s'adresse point à M. Schutzenberger, qui a tiré un très honorable parti de ses centaures. Ils sont deux, le mâle et la femelle, dans un agréable paysage, et ils reviennent paisiblement de la pêche comme deux bons époux qui auraient été chercher une friture pour leur dîner. La femelle, blanche, montrant sa jolie poitrine de femme, *formosa superne*, se tourne en souriant vers le centaure brun qui la regarde avec amour ; ils vont côte à côte, à l'amble ou au petit pas, sans se presser, échangeant de doux propos dans un langage mêlé de paroles et de hennissements, que Gulliver seul pourrait traduire. C'est d'une originalité un peu précieuse peut-être, mais à laquelle il convient de rendre justice. L'harmonie générale est blonde, transparente, un peu maladive, et ne manque pas de charme. C'est un bon tableau à porter au compte de M. Schutzenberger, qui me semble n'avoir pas encore trouvé sa route définitive, et dont *les Premiers astronomes* (1859) reste toujours la meilleure toile.

Des centaures aux boas, aux dromadaires et aux pélicans, la transition est facile, et ce n'est point avec des animaux fabuleux que M. Paul Meyerheim a composé sa *ménagerie*. C'est une excellente peinture, qui rappelle celle du bon temps de M. Knaus. L'école de Dusseldorf, à laquelle appartient M. Meyerheim, nous prouve une fois de plus qu'il faut en faire cas, et que dans les tableaux de genre elle rivalise avec l'école belge. Dans quelque foire d'Allemagne, un montreur d'animaux a établi sa tente, et il exhibe devant les curieux un serpent boa dont il s'est enlacé le corps. C'est la scène prise sur nature, sans superfétations inutiles ; dans des cages, on aperçoit des lions, sur la poutre un singe grimaçant, sur des cercles mobiles des aras, par terre un énorme et gauche pélican qui ouvre son bec immense et voudrait bien engloutir le gâteau qu'un enfant mange près de lui. Un vieillard lit avec attention le prospectus descriptif des bêtes curieuses qu'on lui explique ; un Juif sordide regarde avec étonnement, et un gamin semble stupéfait de la dimension du reptile. Le dessin très soigné et la coloration sagement vigoureuse de cette toile la rendent remarquable ; si, comme je le crois, elle est un début, elle est pleine de promesses qui, j'espère, se réaliseront dans l'avenir.

J'ai peu parlé des paysages proprement dits, ils m'ont paru assez faibles et ne mériter aucune observation particulière. Pour beaucoup, le procédé a vraiment trop d'importance et semble affecter des effets d'ombres chinoises : des arbres noirs qui se détachent sur le soleil couchant, expédient commode qui supprime le modelé et cause toujours une certaine surprise dont il est difficile d'être dupe bien longtemps ! A ces essais tapageurs et infructueux je préfère deux très simples *marines* de M. Masure. On pourrait demander au peintre moins d'abandon dans la touche, plus de soin dans sa manière de traiter les terrains, plus de *fini* en un mot et moins d'à peu près ; mais depuis longues années je n'avais vu la mer rendue avec cette fidélité, cette transparence, ce souci de la couleur et du mouvement. *Fréjus* et les *Environs d'Antibes*, tels sont les titres de ces deux bons tableaux, qui m'ont paru valoir une mention spéciale, car ils produisent une impression très vraie, très profonde, et qui longtemps reste dans le souvenir. Rien n'y est outré, la mer sous un beau ciel bleu se ride à peine et vient mourir par vagues imperceptibles sur le rivage blond, après avoir passé par toutes ces étranges nuances céruléennes qui partent de l'indigo foncé pour aboutir au vert cristal. C'est d'une extrême douceur et d'une sérénité peu commune. Je puis encore indiquer deux agréables paysages de M. Corot avec ces ciels nacrés dont il a seul le secret, deux charmantes toiles décoratives de M. Edmond Hédouin, *la Chasse* et *la Pêche*, qui doivent faire très bien au milieu des rinceaux d'or d'un salon vivement éclairé, un *Troupeau de moutons* très habilement groupé par M. Schenck, qui a fait de notables progrès depuis quelques années, et j'aurai désigné, sauf erreur, toutes les œuvres d'art qui sont dignes d'être distinguées au Salon de 1866.

Ainsi qu'on a pu le voir nulle statue, nul tableau ne nous a été montré qui dépasse la moyenne d'un talent honorable. Si de grands efforts ont été faits, et je n'en doute pas, ils n'ont donné aucun résultat vraiment sérieux et rassurant. Rien n'est venu réchauffer le sang refroidi de l'école française ; elle semble se contenter de ses gloires d'autrefois et ne plus vouloir en essayer de nouvelles : il lui suffit d'avoir eu Gros, Decamps, Ingres, Flandrin, Delacroix, Rude, Pradier, David, Marilhat, A. Scheffer ; elle se repose, elle est impuissante ou stérile. Il est dur d'avoir à constater ce fait douloureux, mais à quoi servirait de le cacher ? Il frappe les yeux les mieux prévenus. En dehors de l'atmosphère ambiante qui pèse sur les artistes aussi bien que sur les autres hommes, une cause particulière semble les affaiblir de plus en plus et leur enlever la force qu'ils auraient peut-être pu conserver. Il faut le répéter encore, le répéter à satiété, dans l'espoir qu'enfin on sera entendu. Ils sacrifient tout à l'habileté de la main, c'est-à-dire au métier, et ils ne comprennent pas qu'en agissant ainsi ils paralysent la force créatrice du cerveau, d'où l'art émane. Chaque jour ils semblent resserrer le champ de leurs recherches, au lieu de l'élargir par une étude incessante des choses de l'esprit, qui seule peut les conduire à l'intelligence pratique de celles de la nature. Je n'ose insister sur ce point, qui est très pénible ; mais lorsque je pense au savoir encyclopédique des peintres d'autrefois et à l'indifférence de ceux d'aujourd'hui, je ne suis pas surpris de la décadence anticipée qui les atteint.

L'heure est grave cependant, et il faut y faire quelque attention. L'année prochaine, une exposition universelle doit attirer à Paris un immense concours d'étrangers. Les peuples du monde se donneront rendez-vous dans notre ville. L'art sera-t-il inférieur à l'industrie ? Le grand intérêt sera-t-il pour les faïences peintes ou pour les tableaux, pour les statues ou pour les candélabres ? D'ici là un effort sérieux, considérable, ne peut-il pas être fait ? Ne pourrons-nous pas prouver à l'Europe entière que nous avons gardé cette supériorité en matière d'art dont jadis nous étions justement fiers ? Nous nous trouverons en présence des écoles anglaise, belge, allemande, dont cette fois les œuvres ne seront point mêlées à celles de l'école française ; nous faudra-t-il amener ce pavillon que nos maîtres ont si glorieusement tenu ? Nous adjurons les artistes de redoubler d'efforts, de comprendre que l'instant est suprême, de ressaisir au moins ce sceptre-là avant qu'il n'échappe aux mains de la France, et de prouver que nous n'avons pas perdu toutes les traditions qui ont fait notre gloire passée.

ISBN : 978-1720693598